AF542330

VENTE

Le Vendredi 23 Décembre 1910

HOTEL DROUOT, SALLE N° 10

A DEUX HEURES 1 2

AQUARELLES

PAR

Madeleine LEMAIRE

ET

Tableaux Modernes

AQUARELLES, PASTELS DESSINS

COMMISSAIRE-PRISEUR

Mᵉ André COUTURIER

Successeur de Mᵉ L. TUAL

PEINTRE-EXPERT

M. F. MARBOUTIN

C. Chaufour
8, rue Milton
Impr.
Paris

CATALOGUE

DES

AQUARELLES

PAR

Madeleine LEMAIRE

ET

TABLEAUX MODERNES

AQUARELLES - DESSINS - PASTELS

PAR

Avy, Boudin, Brispot (H.), Buland, Butin (Ulysse)
Cals, Chéret (J.), Dameron, Delpy (H.-C.), Desbrosses
Dupray (H.), Dupré (Jules)
Fromentin (E.), Gassies (G.), Grolleron (P.), Lépine, Le Roy (J.)
De Montholon, Moreau (Gustave)
Orange (Maurice), Pezant, Richet (L.), Trouillebert
Wilhems (J.), Zandomeneghi, etc.

DONT LA VENTE AURA LIEU

HOTEL DROUOT — SALLE N° 10

Le Vendredi 23 Décembre 1910

A 2 HEURES 1/2

Me André-COUTURIER	M. F. MARBOUTIN
COMMISSAIRE-PRISEUR (Successeur de Me TUAL) *56, Rue de la Victoire, 56*	PEINTRE-EXPERT *2, Rue de Marseille 2*

EXPOSITION PUBLIQUE

Le Jeudi 22 Décembre 1910, de 1 heure 1/2 à 6 heures

CONDITIONS DE LA VENTE

Elle sera faite au comptant.

Les acquéreurs paieront *dix pour cent* en sus des enchères.

L'exposition mettant le public à même de se rendre compte de l'état des tableaux, il ne sera admis aucune réclamation une fois l'adjudication prononcée.

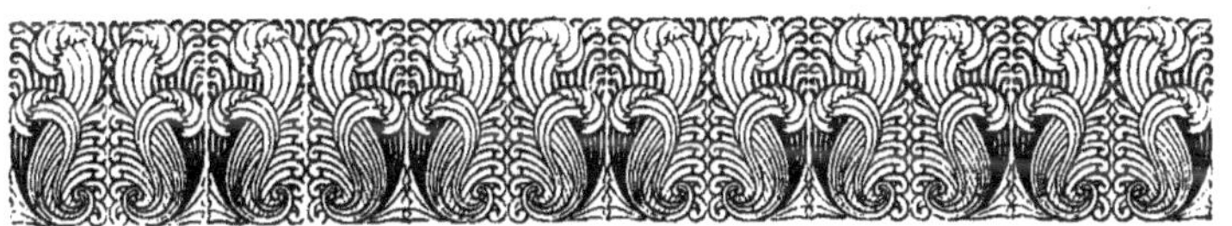

DÉSIGNATION

AQUARELLES

PAR

Madeleine LEMAIRE

1 — Roses rouges dans un panier.

Larg. : 0m55. Haut. : 0m39.

2 — Pavots dans un vase en verre.

Larg. : 0m40. Haut. : 0m56.

3 — Pêches et raisins.

Larg. : 0m55. Haut. : 0m38

4 — Roses dans un vase en verre de Venise.

Larg. : 0m27. Haut. : 0m37.

5 — Panier de framboises.

Larg. 0m57. Haut. : 0m41.

6 — Bouquet de roses mousseuses.

Larg. : 0m56 Haut. : 0m39.

7 — Pavots dans une jardinière Louis XV.

Larg. : 0m54. Haut. : 0m73.

8 — Roses de Noël.

Larg. : 0m56. Haut. : 0m40.

9 — La Cueillette des roses.

Larg. 0m55. Haut. : 0m38.

10 — Roses thé dans une jardinière.

Larg. : 0m55. Haut. : 0m39.

11 — Violettes.

Larg. : 0m56. Haut. : 0m40.

12 — Roses dans un vase en faïence.

Larg. : 0m57. Haut. : 0m41.

TABLEAUX

AVY (M.-J.)

13 — Marché à Alger.

Toile. Larg.: 0m38. Haut.: 0m46.

AUBERT (J.)

14 — La Jeune mère.

Toile. Larg.: 0m24. Haut.: 0m33.

BOMBLED (Ch.)

15 — En reconnaissance.

Toile. Larg: 0m22. Haut. 0m16.

BRAQUAVAL (L.)

16 — Le Marché.

Bois. Larg.: 0m46. Haut. : 0m38.

BRISPOT (H.)

17 — Au Lutrin.

Toile. Larg.: 1m05. Haut.: 1m60.

BULAND (J.-E.)

18 — Fin de journée.

Toile. Larg.: 0m41. Haut.. 0m33.

BUTIN (Ulysse)

19 — Sur la plage.

Bois. Larg.: 0m35. Haut.: 0m25.

CALS (L.)

20 — Les Gerbes.

Toile. Larg.: 0m21. Haut.: 0m16.

CHÉRET

21 — Mascarade.

Toile. Larg.: $0^{m}33$. Haut.: $0^{m}46$.

COTTIN (EUGÊNE)

22 — La Halte.

Toile. Larg. $0^{m}65$. : Haut. $0^{m}40$.

DAMERON (E.)

23 — Retour du marché.

Toile. Larg. : $0^{m}33$. Haut. : $0^{m}41$.

DELPY (H.-C.)

24 — Hameau près Vernon. Effet du soir.

Bois. Larg. : $0^{m}45$. Haut. : $0^{m}25$.

DESBROSSES (JEAN)

25 — Allée au Bois de Boulogne.

Toile. Larg. $0^{m}24$. Haut.: $0^{m}41$.

DIAZ (Attribué à N.)

26 — Nymphe sous bois.

Carton. Larg. : $0^{m}20$; Haut. : $0^{m}32$.

DIAZ (Attribué à N.).

27 — Baigneuse.

Carton. Larg. : $0^{m}19$; Haut. : $0^{m}30$.

DIAZ (Attribué à N.).

28 — Femmes turques.

Bois. Larg. : $0^{m}27$; Haut. : $0^{m}22$.

DUFRENOY

29 — Nature morte.

Toile. Larg. : $0^{m}73$; Haut. : $0^{m}50$.

DUPRAY (H.)

30 — Avant la Revue.

Toile. Larg. : 0m24; Haut. : 0m33.

DUPRAY (H.)

31 — Dragon Premier Empire.

Toile. Larg. : 0m21; Haut.: 0m31.

ENAULT (Alix)

32 — Jeune femme.

Toile. Larg. : 0m21; Haut. : 0m33.

FORT (Th.)

33 — Chasse à courre.

Toile. Larg. : 0m22; Haut. : 0m16.

FROMENTIN (Eugène)

34 — Une Halte dans les Gorges de la Chiffa.

Salon de 1847.

Toile. Larg. : 0m50; Haut. : 0m61.

GAGNERY

35 — Retour du marché.

Toile. Larg. : 0m46; Haut. : 0m33.

GAUSSIN (A.).

36 — La Plage du Prado. Temps gris.

Toile. Larg.: 0m41; Haut. : 0m33.

GILL (André)

37 — Fleurs dans un panier.

Toile. Larg.: 0m60; Haut : 0m38.

GROLLERON (P.).

38 — La Partie de cartes.

Toile. Larg.: 1 m.; Haut.: $0^{m}60$.

INCONNU

39 — Baigneuse.

Toile. Larg.: $0^{m}16$; Haut.: $0^{m}22$.

ISAILOFF (A.).

40 — La Salute. Venise.

Toile. Larg.: $0^{m}54$; Haut.: $0^{m}65$

ISAILOFF (A.).

41 — Le Fort Saint-Jean à Marseille. Effet du soir.

Toile. Larg. : $0^{m}35$; Haut.: $0^{m}27$.

JAMES (D.).

42 — Marine.

Toile. Larg. : $0^{m}75$; Haut.: $0^{m}50$.

JAMES (D.).

43 — Entrée du port.

Toile. Larg.: $0^{m}75$; Haut.: $0^{m}50$.

KOROCHANSKY (M.).

44 — Le Soir.

Toile. Larg. : $0^{m}61$; Haut. : $0^{m}38$.

KOROCHANSKY (M.).

45 — Au Jardin.

Toile. Larg. : $0^{m}55$; Haut. : $0^{m}46$.

LAGRENAY

46 — Une Rue de village. Suisse.

LARD (MAURICE)

47 — Madame Clown.

Toile. Larg.: 0m61; Haut.: 0m38.

LE ROY (J.).

48 — Famille de chats.

Toile. Larg. : 0m46; Haut. : 0m55.

LE ROY (J.).

49 — Joyeux ébats.

Toile. Larg. 0m38; Haut.: 0m46.

MARTEL (C.).

50 — Le Grand Canal et la Salute.

Carton. Larg. : 0m16; Haut. : 0m22.

MONTHOLON (DE)

51 — Bords de la Vienne à l'Ile Jourdain.

Toile. Larg.: 0m73; Haut.: 0m54.

PEZANT (A.).

52 — Fils d'araignées.

Toile. Larg.: 0m61; Haut.: 0m50.

PIET (F.).

53 — Au Marché. Bretagne.

Carton. Larg. : 0m32; Haut. : 0m40.

RICHET (LÉON)

54 — Paysage.

Toile. Larg.: 0m55; Haut. 0m:38.

SIMONS (P.)

55 — Une Rue à Martigues. Provence.

Toile. Larg. : 0m33; Haut. : 0m46.

TIRADO (F.)

56 — Carabinier.

Bois. Larg.: 0m17. Haut.: 0m26.

TIXIER Daniel)

57 — Les Cuisiniers.

Toile. Larg. : 1m50; Haut. : 1m52.

TROUILLEBERT

58 — Quimper. Vue prise du chemin de halage.

Toile. Larg. : 0m41; Haut : 0m33.

VAS SEVERDONCK

59 — Intérieur d'écurie.

Bois. Larg. : 0m39; Haut. : 0m26.

WILHEMS (J.)

60 — Le Palais Ducal et San-Giorgio. Venise.

Toile. Larg. : 0m65; Haut. : 0m46.

WILHEMS (J.)

61 — L'Avant-Port à Dieppe.

Toile. Larg. : 0m55; Haut : 0m38.

* * *

TABLEAU ANCIEN

COURTOIS (J., dit LE BOURGUIGNON)

62 — Combat de cavalerie.

Toile. Larg. : 0m73; Haut. : 0m35.

AQUARELLES, PASTELS, DESSINS

BOUDIN (E.)

63 — En Bretagne.

Aquarelle.

BOUDIN (E.)

64 — Port en Bretagne.

Dessin rehaussé.

BOUDIN (E.)

65 — Marché en Bretagne.

Aquarelle.

BOUDIN (E.)

65 *bis* — Sur la plage.

Aquarelle.

BUTIN (ULYSSE)

66 — Retour du marché. Baie de la Somme.

Dessin plume.

CHÉRET (J.)

67 — Charmeuse.

Pastel.

CHÉRET (J.)

68 — Colombine.

Dessin rehaussé.

DUPRÉ (Jules)

69 — Bords de rivière.

Mine de plomb.

FORTUNEY

70 — Danseuses.

Pastel.

FORTUNEY

71 — Le Marché aux coquillages à Marseille.

Pastel.

GASSIES (G.)

72 — Sangliers sous bois, Fontainebleau.

Aquarelle.

GASSIES (G.)

73 — Plaine de Barbizon.

Aquarelle.

GASSIES (G.)

74 — Cerf à l'eau. Fontainebleau.

Aquarelle.

GASSIES (G.)

75 — Barrage de la Seine, à Bois-le-Roi.

Aquarelle

HARPIGNIES

76 — Paysage.

Aquarelle.

LALANNE (Maxime)

77 — En Bretagne.

Fusain.

LÉPINE (S.)

78 — Les Berges de la Seine à l'Ile Saint-Louis.

Mine de plomb.

MOREAU (Gustave)

79 — Mlle Subra dans Sapho.

Mine de plomb.

ORANGE (Maurice)

80 — Officier de marin de la garde Premier Empire.

Aquarelle.

PICHOT (Ramon)

81 — En Espagne.

Pastel.

SUNYER

82 — Music-Hall.

Pastel.

VALLET (L.

83 — Yachting.

Dessin rehaussé.

VIEILLARD (M.)

84-85 — Fête Nationale.

Pastels.

VIEILLARD (M.)

86 — Au Balcon.

Pastel.

ZANDOMENEGHI

87 — Femme à sa toilette.

Pastel.

www.ingramcontent.com/pod-product-compliance
Lightning Source LLC
LaVergne TN
LVHW010017230826
846092LV00002B/858

9782329507620